大方廣佛華嚴經 寫經

36

🪷 일러두기

1. 『사경본 한글역 대방광불화엄경』은 『독송본 한문·한글역 대방광불화엄경』에 수록된 한글역을 사경하는 데 편의를 도모하기 위해 편집을 달리하여 간행한 것이다.

2. 『독송본 한문·한글역 대방광불화엄경』은 실차난타가 한역(695~699)한 80권 『대방광불화엄경』의 한문 원문과 한글역을 함께 수록한 것이다. 한문 저본은 고종 2년(1865) 월정사에서 인경한 고려대장경 『대방광불화엄경』이다.

3. 한글 번역은 동국역경원에서 발간한 한글 『대방광불화엄경』(운허)을 중심으로 하고 『신화엄경합론』(탄허)과 『대방광불화엄경 강설』(여천무비) 그리고 최근의 여타 번역본 등을 참조하였다.

4. 한글 번역은 독송과 사경을 위하여 정확성과 아울러 가독성을 고려하였다. 극존칭은 부처님과 불경계에 대해서만 사용하였다.

5. 사경본의 차례는 일러두기 → 한글역 본문 → 화엄경 목차 → 간행사이며 80권 『대방광불화엄경』의 권별 목차 순으로 독송본과 함께 간행한다. (법공양판에는 간행사 다음에 간행불사 동참자를 밝혀 두었다.)

사경본 한글역
대방광불화엄경 제36권

26. 십지품 [3]

수미해주

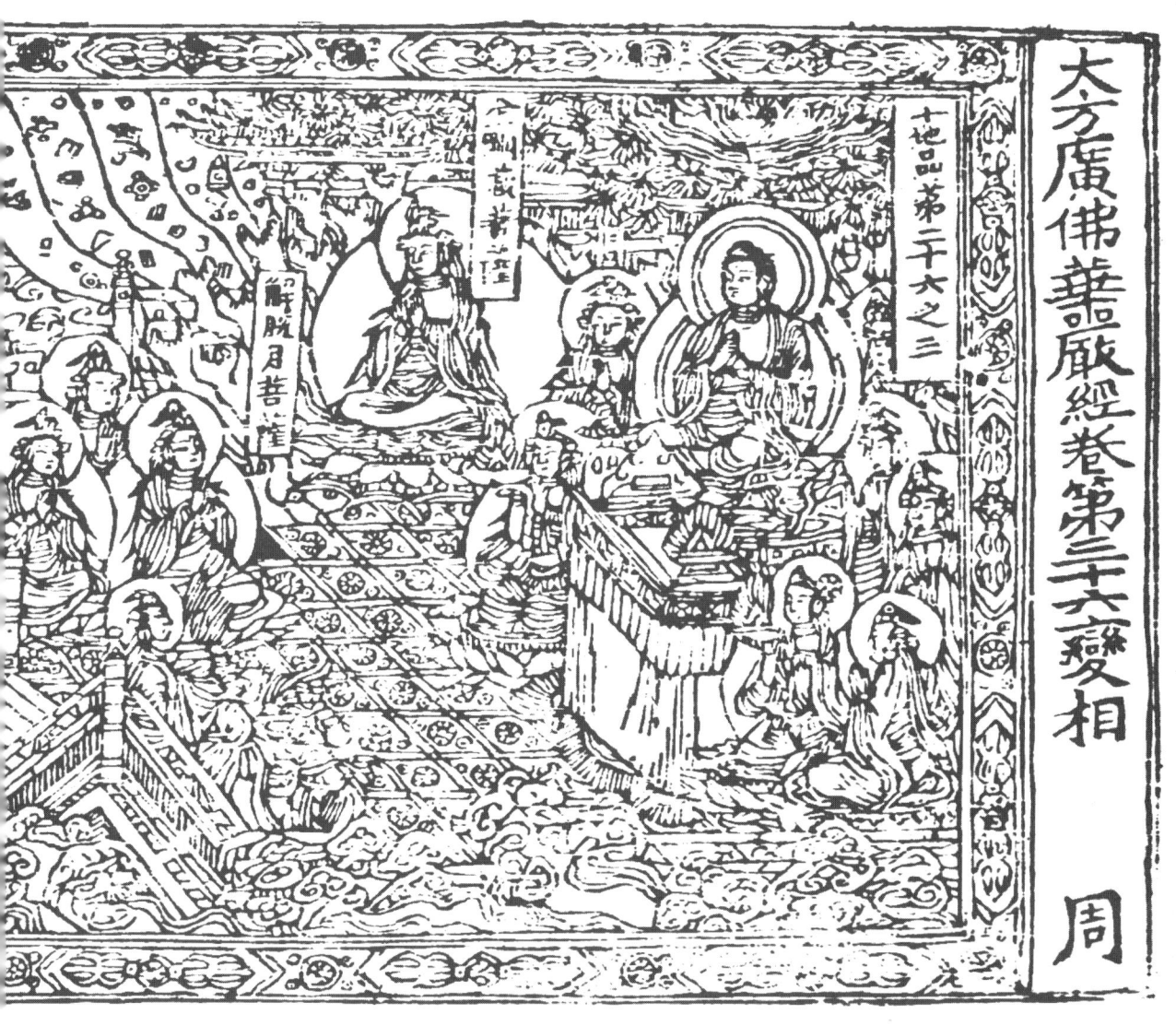

대방광불화엄경 제36권 변상도

대방광불화엄경
제36권

26. 십지품 [3]

　　　　　　　은(는)『대방광불화엄경』을
사경하는 인연공덕으로
『화엄경』이 널리 유통되고
우리 모두 다함께 보리 이루기를 발원하옵니다.

대방광불화엄경

제36권

26. 십지품 [3]

불자가
이 광대한 행의
즐겁고 깊고 미묘하고
수승한 지위를 듣고
마음이 모두 뛸 듯이 기쁘고
크게 환희하여

온갖 꽃을 널리 흩어
부처님께 공양 올리도다.

이와 같은 미묘한 법을
연설할 때에
대지와 바닷물이
모두 진동하니
일체 천녀가
다 환희하여
모두 미묘한 음성을 내어
함께 찬탄하도다.

자재천왕도
크게 기뻐하여
마니보배를 비내려
부처님께 공양올리고
찬탄해 말하였다.
"부처님께서 우리들을 위해
출현하시어 제일가는
공덕행을 연설하시도다.

이 같은 지혜 있는 분의
모든 지위의 뜻을
백천 겁에도

매우 얻기 어려운데
우리 지금 문득
보살의 수승한 행의
미묘한 법음을
듣습니다.

원컨대 다시
총명한 지혜 있는 자의
다음 지위의 결정한
남음 없는 도를 연설하시어
일체 모든 천신과 인간들을
이익케 하소서.

이 모든 불자들이
다 즐겨 듣겠습니다."

용맹하고 큰 마음의
해탈월이
금강장에게 청하여
말씀하였다.
"불자여, 이로부터
제4지에 옮겨 들어가는
있는 바 수행의 모습을
설하길 원합니다."

그때에 금강장 보살이 해탈월 보살에게 말씀하였다.

"불자여, 보살마하살이 제3지를 잘 청정하게 닦고서 제4 염혜지에 들어가려 한다면 마땅히 열 가지 법에 밝은 문을 수행하여야 한다.

무엇이 열인가?

이른바 중생계를 관찰하고, 법계를 관찰하고, 세계를 관찰하고, 허공계를 관찰하고, 식계를 관찰하고, 욕계를 관찰하고, 색계를 관찰하고, 무색계를 관찰하고, 넓은 마음으로 믿고 이해하는 계를 관찰하고, 큰 마음으로 믿고 이해하는 계를 관찰하는 것이다.

보살이 이 열 가지 법에 밝은 문으로 제4 염혜지에 들어간다.

불자여, 보살이 이 염혜지에 머무름에 능히 열 가지 지혜로써 법을 성숙하는 까닭으로 저 안의 법을 얻어 여래가에 태어난다.

무엇이 열인가?

이른바 깊은 마음이 물러나지 않

는 까닭이며, 삼보에 청정한 믿음을 내어 끝까지 무너지지 않는 까닭이며, 모든 행이 생멸함을 관찰하는 까닭이다.

모든 법의 자성이 생겨남이 없음을 관찰하는 까닭이며, 세간이 이루어지고 무너짐을 관찰하는 까닭이며, 업으로 인하여 생이 있음을 관찰하는 까닭이다.

생사와 열반을 관찰하는 까닭이며, 중생과 국토의 업을 관찰하는 까닭이며, 과거와 미래를 관찰하는 까닭이며, 없음과 다함을 관찰하는 까닭이다. 이것이 열이다.

불자여, 보살이 이 제4지에 머물러 안의 몸을 관찰하되 몸을 따라 관찰하며 부지런하고 용맹하게 생각하고 알아서 세간의 탐욕과 근심을 없앤다.

바깥의 몸을 관찰하되 몸을 따라 관찰하며 부지런하고 용맹하게 생각하고 알아서 세간의 탐욕과 근심을 없앤다.

안팎의 몸을 관찰하되 몸을 따라 관찰하며 부지런하고 용맹하게 생각하고 알아서 세간의 탐욕과 근심을 없앤다.

이와 같이 안의 느낌과 밖의 느낌과 안팎의 느낌을 관찰하되 느낌을 따라 관찰한다.

안의 마음과 밖의 마음과 안팎의 마음을 관찰하되 마음을 따라 관찰한다.

안의 법과 밖의 법과 안팎의 법을

관찰하되 법을 따라 관찰하며 부지런하고 용맹하게 생각하고 알아서 세간의 탐욕과 근심을 없앤다.

다시 또 이 보살이 아직 생기지 않은 모든 악하고 선하지 않은 법은 생기지 않게 하기 위하여 바램을 내어 부지런히 정진하여 마음을 일으켜 바로 끊는다.

이미 생긴 모든 악하고 선하지 않은 법은 끊기 위하여 바램을 내어 부지런히 정진하여 마음을 일으켜 바로 끊는다.

아직 생기지 않은 모든 선한 법은 생기게 하기 위하여 바램을 내어 부지런히 정진하여 마음을 일으켜 바로 행한다.

이미 생긴 모든 선한 법은 머물러 잃지 않게 하기 위하며 닦아서 더욱 늘어나게 하기 위하여 바램을 내어 부지런히 정진하여 마음을 일으켜 바로 행한다.

다시 또 이 보살이 하려는 선정으

로 끊는 행을 수행하여 신족통을 성취해서, 싫어함을 의지하고 떠남을 의지하고 멸함을 의지하여 버림에 회향한다.

정진하는 선정과 마음의 선정과 관하는 선정으로 끊는 행을 수행하여 신족통을 성취해서, 싫어함을 의지하고 떠남을 의지하고 멸함을 의지하여 버림에 회향한다.

다시 또 이 보살이 믿음의 선근을 수행해서, 싫어함을 의지하고 떠남을 의지하고 멸함을 의지하여 버림에 회향한다.

정진의 선근과 생각의 선근과 선정의 선근과 지혜의 선근을 수행해서, 싫어함을 의지하고 떠남을 의지하고 멸함을 의지하여 버림에 회향한다.

다시 또 이 보살이 믿음의 힘을 수행해서, 싫어함을 의지하고 떠남을 의지하고 멸함을 의지하여 버림에 회향한다.

정진의 힘과 생각의 힘과 선정의 힘

과 지혜의 힘을 수행해서, 싫어함을 의지하고 떠남을 의지하고 멸함을 의지하여 버림에 회향한다.

다시 또 이 보살이 알아차리는 깨달음의 분을 수행해서, 싫어함을 의지하고 떠남을 의지하고 멸함을 의지하여 버림에 회향한다.

법을 간택하는 깨달음의 분과 정진하는 깨달음의 분과 기뻐하는 깨달음의 분과 홀가분한 깨달음의 분과 집중하는 깨달음의 분과 버리는 깨달음의 분을 수행해서, 싫어함을 의지하고 떠남을 의지하고 멸함을 의지하여 버림에 회향한다.

다시 또 이 보살이 바른 견해를 수행해서, 싫어함을 의지하고 떠남을 의지하고 멸함을 의지하여 버림에 회향한다.

바른 사유와 바른 말과 바른 업과 바른 삶과 바른 정진과 바른 생각과 바른 선정을 수행해서, 싫어함을 의지하고 떠남을 의지하고 멸함을 의지하여 버림에 회향한다.

 보살이 이와 같은 공덕을 수행함은 일체 중생을 버리지 않기 위한 까닭이며, 본래의 서원이 지니는 바인 까닭이며, 대비가 으뜸이 되는 까닭이며, 대자로 성취하는 까닭이며, 일체지의 지혜를 생각하는 까닭이다.

 장엄한 불국토를 성취하는 까닭이며, 여래의 힘과 두려움 없음과 함께 하지 않는 부처님의 법과 상호와 음성이 다 구족함을 성취하는 까닭이며, 높고 높은 수승한 도를 구하는 까닭이며, 들은 바 매우 깊은 부처님의 해탈을 수순하는 까닭이며, 큰 지혜와 교묘한 방편을 생각하는 까닭이다.

불자여, 보살이 이 염혜지에 머무름에 있는 바 몸이라는 견해가 처음이 되어 나와 남과 중생과 수명과 온과 계와 처에 일으킨 바 집착과 생겨나고 사라지는 것을 사유하고 관찰하여 다스리는 까닭이며, 나의 소유인 까닭이며, 재물인 까닭이며, 집착하는 곳인 까닭인 이와 같은 등 일체를 모두 여읜다.

이 보살이 만약 업이 여래께서 꾸짖으신 것으로 번뇌에 물든 것으로 본다면 모두 다 버리고 떠나며, 만약 업이 보살의 도를 따르는 것으로 여래께서 칭찬하신 것으로 본다면 모두 다 수행한다.

불자여, 이 보살이 일으킨 방편과

지혜를 따라서 도와 도를 돕는 부분을 닦아 모아서 이와 같이 윤택한 마음과, 부드러운 마음과, 조화롭고 순한 마음과, 이익하고 안락케 하는 마음과, 잡되고 물듦이 없는 마음과, 높고 높은 수승한 법을 구하는 마음과, 수승한 지혜를 구하는 마음과, 일체 세간을 구호하는 마음과, 존귀한 덕을 공경하고 가르침의 명령을 어기지 않는 마음과, 들은 바 법에 따라서 잘 수행하는 마음을 연다.

이 보살이 은혜를 알고 은혜 갚을 줄을 알며, 마음이 지극히 화평하고 선하며, 함께 머물면서 안락하며, 순박하고 곧으며, 유연하며, 빽빽한 숲과 같은 행이 없으며, 아만이 없고, 가르침을 잘 받아서 설하는 이의 뜻을 얻는다.

이 보살이 이와 같이 참음을 성취하며, 이와 같이 조화롭고 부드러움을 성취하며, 이와 같이 적멸을 성취한다.

이와 같이 참음과 조화롭고 부드러움과 적멸을 성취하여 다음 지위의 업을 깨끗이 다스리고 뜻을 내어 수행할 때에 쉬지 않는 정진과, 섞이고 물들지 않는 정진과, 물러나지 않는 정진과, 광대한 정진과, 가없는 정진과, 치성한 정진과, 같음이 없이 평등한 정진과, 깨뜨릴 수 없는 정진과, 일체 중생을 성숙케 하는 정진과, 도와 도 아님을 잘 분별하는 정진을 얻는다.

이 보살이 마음 경계가 청정하며,

깊은 마음을 잃지 아니하며, 깨달아 앎이 밝고 예리하며, 선근이 증장하며, 세간의 혼탁을 여의며, 모든 의혹을 끊으며, 밝게 판단함을 구족하며, 기쁨과 즐거움이 충만하며, 부처님께서 친히 호념하시며, 한량없이 좋은 뜻을 모두 다 성취한다.

불자여, 보살이 이 염혜지에 머물러서 원력으로 많은 부처님을 친견한다.

이른바 많은 백 부처님을 친견하

며, 많은 천 부처님을 친견하며, 많은 백천 부처님을 친견하며, 내지 많은 백천억 나유타 부처님을 친견한다. 모두 공경하고 존중하며, 받들어 섬기고 공양올리며, 의복과 와구와 음식과 탕약과 일체 살림을 모두 받들어 보시한다.

또한 일체 대중 스님들에게 공양하며, 이 선근으로 모두 다 아뇩다라삼먁삼보리에 회향하며, 그 부처님 처소에서 공경히 법을 들으며, 듣고는 받아 지니어 구족하게 수행한다.

다시 저 모든 부처님 법에 출가하여 수도하며, 또 다시 닦고 다스려서 깊은 마음으로 믿고 이해하며, 한량없는 백천억 나유타 겁을 지나도록 모든 선근이 더욱 밝고 깨끗하게 한다.

불자여, 비유하면 마치 금을 다루는 이가 진금을 잘 연단하여 장엄거리를 만들면 다른 금은 모두 능히 미치지 못하는 것과 같다.

보살마하살도 또한 다시 이와 같아서 이 지위에 머무르는 있는 바 선근은 아래 지위의 선근이 미칠 수 없는 것이다.

마니보배의 청정한 광명바퀴가 능히 놓는 광명은 모든 다른 보배가 미칠 수 있는 바가 아니다. 비바람 등의 연이 모두 깨뜨릴 수 없는 것처럼, 보살마하살도 또한 다시 이와 같아서 이 지위에 머무르면 아래 지위의 보살들은 미칠 수 없는 바이며, 온갖 마군의 번뇌가 모두 능히 깨뜨리지 못한다.

이 보살이 사섭법 중에는 동사섭

이 치우쳐 많고, 십바라밀 중에는 정진이 치우쳐 많다. 다른 것을 닦지 않는 것은 아니나 다만 힘을 따르고 분한을 따를 뿐이다.

불자여, 이것이 보살마하살의 제4 염혜지를 간략히 설한 것이다.

보살이 이 지위에 머무름에 많이 수야마천왕이 되어 훌륭한 방편으로 능히 중생들의 몸이라는 견해 등의 의혹을 없애서 바른 견해에 머무르게 하며, 보시하고 사랑스러운 말을 하고 이익하게 하는 행을 하고 일을 같이 한다.

 이와 같은 일체 모든 짓는 바 업이 모두 부처님을 생각함을 여의지 아니하며, 법을 생각함을 여의지 아니하며, 스님을 생각함을 여의지 아니하며, 내지 일체종과 일체지의 지혜 구족하기를 생각함을 여의지 아니한다.

 다시 이 생각을 하기를, '내가 마땅히 일체 중생들 가운데서 상수가 되고, 수승한 이가 되고, 특히 수승한 이가 되고, 묘한 이가 되고, 미묘한 이가 되고, 높은 이가 되고, 위없는 이가 되고, 내지 일체지의 지혜에 의지하는 자가 될 것이다.'라고 한다.

이 보살이 만약 부지런히 정진을 하면 한 생각 사이에 억 수의 삼매에 들어가고, 억 수의 부처님을 친견하고, 억 수의 부처님 위신력을 알고, 억 수의 세계를 능히 진동하고, 내지 억 수의 몸을 능히 나타내 보이고, 낱낱 몸이 억 수의 보살로 권속을 삼는다.

만약 보살의 수승한 원력으로 자재하게 나타내 보이면 이 수를 넘어서니, 백 겁과 천 겁과 내지 백천억 나유타 겁에도 능히 세어서 알 수 없다."

　그때에 금강장 보살이 그 뜻을 거듭 펴려고 게송을 설하여 말씀하였다.

　보살이 이미
　제3지를 깨끗이 하고

중생계와
세계와 법계와
허공계와 식계와 삼계를
차례로 관하고
마음이 열리어 모두 깨달아
능히 들어가도다.

염혜지에 처음 올라
세력이 늘어
여래의 집에 태어나
길이 물러나지 않고
불법승에 대한 믿음이

무너지지 않으며
법의 무상과 일어남이
없음을 관하도다.

세간이 이루어지고 무너짐과
업으로 생이 있음과
생사와 열반과 국토 등의
업을 관하며
과거와 미래를 관하고
또한 다함을 관하여
이와 같이 수행하여
부처님 집에 태어나도다.

이 법을 얻고서
자비를 증장하여
더욱더 사념처를
부지런히 닦되
몸과 느낌과 마음과
법을 안팎으로 관하여
세간의 탐욕과 애정을
모두 없애도다.

보살이 사정근의 행을
닦아 다스려서
악한 법은 없애고

선은 증장하며
사신족과 오근과 오력을
모두 잘 닦으며
칠각분과 팔정도
또한 이와 같이 닦도다.

중생을 제도하기 위하여
저 행을 닦음에
본래 서원으로 보호하는 바이고
자비가 으뜸이라
일체지와
불국토를 구하고

또한 여래의 열 가지 힘을
생각하도다.

사무소외와
함께 하지 않는 법과
특수한 상호와
매우 아름다운 음성과
또한 묘한 도와
해탈처와
큰 방편들을 구하여
저 행을 닦도다.

몸이라는 견해가
첫째가 되어 육십이견과
'나'와 '내 것'이라는
무량한 종류와
온과 계와 처 등의
모든 집착을
이 제4지에서
일체를 여의도다.

여래께서 꾸짖으신
번뇌의 행은
뜻과 이익이 없으므로

모두 끊어 없애고
지혜 있는 자가 수행하는
청정한 업은
중생을 제도하기 위하여
짓지 않음이 없도다.

보살이 부지런히 수행하여
게으르지 않아서
열 가지 마음 얻어
모두 구족하고
오로지 불도를 구하기에
싫어함이 없으며

뜻에 직분 받음을 기약하여
중생을 제도하도다.

덕 높은 이의
수행법을 공경하며
은혜 알고 교훈 받고
난폭함이 없으며
교만을 버리고 아첨을 여의고
마음이 부드러워
더욱더 부지런히 수행하여
퇴전하지 않도다.

보살이
이 염혜지에 머무름에
그 마음 청정하여
영원히 잃지 않으며
깨달음이 결정하고
선이 증장하며
의혹의 그물과 더러운 때를
모두 다 여의도다.

이 지위의 보살이
인간 가운데 수승하여
나유타 한량없는

부처님께 공양올리며
바른 법을 듣고
또한 출가하니
무너뜨릴 수 없는 것이
진금과 같도다.

보살이 여기에 머물러
공덕 갖추고
지혜와 방편으로
도를 수행하여
마군들에 의해
마음이 퇴전하지 않으니

비유하면 묘한 보배
파괴할 수 없음과 같도다.

여기에 머무르면
많이 수야마천왕이 되고
법에 자재하여
대중이 존중하며
뭇 중생들을 널리 교화하여
나쁜 견해 없애주고
오로지 부처님 지혜 구하여
선한 업을 닦도다.

보살이 부지런히
정진하는 힘을 더해서
삼매를 얻는 등이
모두 억 수이나
만약 서원과 지혜의 힘으로
하는 것이면
이 수를 넘어서서
알 수 없도다.

이와 같은
보살의 제4지에서
행하는 바가

청정하고 미묘한 도가
공덕과 뜻과
지혜와 함께 상응함을
내가 불자들을 위하여
설하였도다.

제5지

보살이
이 수승한 지위의 행을 듣고
법을 깨달아
마음이 환희하여
공중에서 꽃비 내리며
찬탄해 말하였다.
"훌륭합니다,
큰보살 금강장이여."

자재천왕은
하늘의 대중들과 더불어
법문 듣고 뛰어올라
허공에 머무르며
갖가지 미묘한 광명구름을
널리 놓아서
여래께 공양올리고
환희가 두루 충만하며

하늘의 모든 채녀들이
하늘 음악을 연주하며
또한 말로써 노래하여

부처님을 찬탄하니
모두 보살의
위신력인 까닭으로
그 소리 속에서
이 말을 하도다.

"부처님의 서원
오랜만에 이제 만족하고
부처님의 도
오랜만에 이제 얻으며
석가모니 부처님께서
천궁에 이르시니

천신과 사람을 이롭게 하신 분
오랜만에 뵙도다.

큰 바다
오랜만에 이제 비로소 움직이고
부처님의 광명
오랜만에 이제 놓으시며
중생들은
오랜만에 비로소 안락하여
대비의 음성을
오랜만에 듣도다.

공덕의 저 언덕에
다 이미 이르렀고
캄캄한 교만을
다 이미 없앴으니
가장 지극히 청정함이
허공과 같으며
세간 법에 물들지 않음이
연꽃과 같도다.

위대한 석가모니 세존께서
세상에 출현하시니
마치 수미산이 큰 바다에서

솟아나온 듯함이라
공양올리면
일체 고통 끝낼 수 있고
공양올리면 반드시
모든 부처님 지혜 얻으리라.

이 응당 공양할 데 공양하면
같음이 없으리니
그러므로 환희심으로
부처님께 공양올리도다."

이와 같이 한량없는

모든 천녀들이
이 말을 하면서
찬탄하니
일체가 공경하며
기쁨이 충만하여
여래를 우러러보며
잠자코 머무르도다.

이때에
큰보살 해탈월이
두려움 없는 금강장에게
다시 청하였다.

"제5지의
모든 행상을
오직 바라오니 불자시여,
말씀하소서."

그때에 금강장 보살이 해탈월 보살에게 말씀하였다.

"불자여, 보살마하살이 제4지에서 행하는 바 도를 이미 잘 원만케 하고, 제5 난승지에 들어가려 한다면 마땅히 열 가지의 평등하고 청정한 마음으로 들어가야 한다.

　무엇이 열인가?

　이른바 과거의 불법에 평등하고 청정한 마음과, 미래의 불법에 평등하고 청정한 마음과, 현재의 불법에 평등하고 청정한 마음이다.

　계에 평등하고 청정한 마음과, 마음에 평등하고 청정한 마음과, 견해와 의혹을 끊음에 평등하고 청정한 마음과, 도와 도 아님에 대한 지혜에 평등하고 청정한 마음이다.

　수행의 지혜의 견해에 평등하고 청

정한 마음과, 일체 보리분법을 가장 뛰어나게 관찰함에 평등하고 청정한 마음과, 일체 중생을 교화함에 평등하고 청정한 마음이다.

보살마하살이 이 열 가지의 평등하고 청정한 마음으로 보살의 제5지에 들어간다.

불자여, 보살마하살이 이 제5지에 머무름에 보리분법을 잘 닦는 까닭이며, 깊은 마음을 잘 깨끗이 하는 까닭이며, 높고 수승한 도를 더욱 구하는 까닭이며, 진여를 수순하는 까닭이며, 원력으로 지니는 까닭이며, 일체 중생을 불쌍히 여김을 버리지 않는 까닭이며, 복덕과 지혜로 도를 돕는 일을 쌓아 모으는 까닭이며, 부지런히 닦아 익히기를 쉬지 않는 까닭이며, 교묘한 방편을 내는 까닭이며, 높고 높은 지위를 관찰하여 밝게 비추는 까닭이며, 여래의 호념을 받는 까닭이며, 기억하는 지혜의 힘으로 지니는 바인 까닭으로, 퇴전하지 않는 마음을 얻는다.

　불자여, 이 보살마하살은 이것이 고라는 성스러운 진리이며, 이것이 고의 모여 일어남이라는 성스러운 진리이며, 이것이 고의 소멸이라는 성스러운 진리이며, 이것이 고의 소멸로 가는 길이라는 성스러운 진리임을 사실대로 안다.

　세속의 진리를 잘 알며, 제일의의 진리를 잘 알며, 형상의 진리를 잘 알며, 차별의 진리를 잘 알며, 성립의 진리를 잘 알며, 현상의 진리를 잘 알며, 생겨남의 진리를 잘 알며, 다하여 생겨남 없음의 진리를 잘 알며, 도에 들어가는 지혜의 진리를 잘 알며, 일체 보살의 지위가 차례로 이루어짐의 진리를 잘 알며, 내지 여래의 지혜가 이루어짐의 진리를 잘 안다.

이 보살이 중생 마음의 좋아함을 따라서 환희케 하므로 세속의 진리를 알며, 하나의 실상을 통달하므로 제일의의 진리를 알며, 법의 제 모양과 공통된 모양을 깨달으므로 형상의 진리를 알며, 모든 법의 구분된 지위의 차별을 알므로 차별의 진리를 안다.

온과 계와 처를 잘 분별하므로 성립의 진리를 알며, 몸과 마음의 고뇌를 깨달으므로 현상의 진리를 알며, 여러 갈래로 태어남이 서로 이어짐을 깨달으므로 생겨남의 진리를 알며, 일체 뜨거운 번뇌가 필경에 소멸하므로 다하여 생겨남이 없음의 지혜의 진리를 안다.

　출생에 둘이 없으므로 도에 들어가는 지혜의 진리를 알며, 일체 행상을 바르게 깨달으므로 일체 보살의 지위가 차례로 상속하여 이루어짐과 내지 여래의 지혜가 이루어짐의 진리를 잘 안다.

　믿고 이해하는 지혜의 힘으로 아는 것이고, 구경의 지혜의 힘으로 아는 것은 아니다.

불자여, 이 보살마하살이 이와 같은 모든 진리의 지혜를 얻고는 일체 유위법이 허망하고 거짓이며 어리석은 사람을 속이는 줄을 사실대로 안다. 보살이 이때에 모든 중생들에게 대비심을 더욱 더하여 큰 자애의 광명을 낸다.

불자여, 이 보살마하살이 이와 같은 지혜의 힘을 얻음에 일체 중생을 버리지 아니하고 부처님의 지혜를 항상 구하여 일체 유위행의 지난 때와 오는 때를 사실대로 관찰한다.

지난 때의 무명으로부터 애착이 있는 까닭으로, 나서 생사에 유전하며 여러 오온의 집에서 헤어나지 못하고 고통의 무더기를 증장하되, '나'도 없고 오래 사는 이도 없고 길러 주는 이도 없으며 다시 다음 갈래의 몸을 자주 받을 이도 없어서 '나'와 '나의 것'을 여읨을 안다.

지난 때와 같이 오는 때도 또한 이와 같아서 아무 것도 없는데 허망하게 탐내고 집착함을 다 끊어 벗어나니, 있고 없음을 모두 사실대로 안다.

불자여, 이 보살마하살이 다시 이 생각을 한다.

'이 모든 범부가 어리석고 지혜가 없으니 매우 가엾도다. 무수한 몸이 이미 없어졌고 지금 없어지고 장차 없어질 것이다. 이렇게 다 없어지거늘 몸에 대하여 싫은 생각을 내지 않고 기관의 괴로운 일만 점점 더 증장하여 생사의 흐름에 따라 능히 돌아오지 못한다.

오온의 집에서 벗어나기를 구하지 아니하며, 사대의 독사를 걱정하고 두려워할 줄 알지 못하며, 교만과 견해의 화살을 능히 뽑지 못하며, 탐욕과 성냄과 어리석음의 불을 능히 끄지 못하며, 무명의 암흑을 깨뜨리지 못하며, 애욕의 큰 바다를 능히 말려 없애지 못한다.

열 가지 힘을 지닌 큰 성인 도사를 구하지 아니하고, 마군 같은 생각의 빽빽한 숲에 들어가 생사바다에서 각관의 파도에 휩쓸린다.'

불자여, 이 보살마하살이 다시 이 생각을 한다.

'이 모든 중생들이 이와 같은 고통을 받으며 고독하고 곤궁하지만 구제할 이도 없고, 의지할 데도 없고, 쉴 곳도 없고, 집도 없으며, 인도할 이도 없고, 눈도 없어서, 무명에 덮이고 암흑에 싸여 있다.

내가 이제 저 일체 중생을 위하여 복과 지혜로 도를 돕는 법을 수행하되, 홀로 발심하고 반려를 구하지 않을 것이며, 이 공덕으로 모든 중생들로 하여금 필경에 청정하게 하며, 내지 여래의 열 가지 힘과 걸림 없는 지

혜를 얻게 하리라.'

불자여, 이 보살마하살이 이와 같이 지혜로 관찰하며 닦는 선근은 모두 일체 중생을 구호하고, 일체 중생을 이익케 한다.

일체 중생을 안락케 하고, 일체 중생을 불쌍히 여기고, 일체 중생을 성취케 하고, 일체 중생을 해탈케 하고, 일체 중생을 섭수한다.

일체 중생이 모든 고뇌를 여의게 하고, 일체 중생이 널리 청정함을 얻게 하고, 일체 중생이 모두 다 조복케 하고, 일체 중생이 열반에 들게 하기 위한 것이다.

불자여, 보살마하살이 이 제5 난승지에 머무름에 '기억하는 이'라 이름하니 모든 법을 잊지 않는 까닭이며, '지혜 있는 이'라 이름하니 능히 잘 분명히 아는 까닭이며, '취지가 있는 이'라 이름하니 경의 의취를 알아서 차례로 연합하는 까닭이며, '부끄러움을 아는 이'라 이름하니 스스로 보호하고 남도 보호하는 까닭이며, '견고한 이'라 이름하니 계행을 버리지 않는 까닭이다.

'깨달은 이'라 이름하니 옳은 도리와 그른 도리를 능히 관찰하는 까닭이며, '슬기를 따르는 이'라 이름하니 다른 것을 따르지 않는 까닭이며, '지혜를 따르는 이'라 이름하니 이치에 맞고 이치에 맞지 않는 말의 차별을 잘 아는 까닭이며, '신통한 이'라 이름하니 선정을 잘 닦는 까닭이며, '방편이 교묘한 이'라 이름하니 능히 세상을 따라 행하는 까닭이다.

'만족해 싫어함이 없는 이'라 이름하니 복덕을 잘 모으는 까닭이며, '쉬지 않는 이'라 이름하니 항상 지혜를 구하는 까닭이며, '피로해 게으르지 않는 이'라 이름하니 대자비를 모으는 까닭이다.

'남을 위하여 부지런히 수행하는 이'라 이름하니 일체 중생으로 하여금 열반에 들게 하려는 까닭이며, '부지런히 구하고 나태하지 않는 이'라 이름하니 여래의 힘과 두려움 없음과 함께 하지 않는 법을 구하는 까닭이며, '뜻을 내어 능히 행하는 이'라 이름하니 불국토를 장엄함을 성취하는 까닭이다.

'갖가지 선한 업을 부지런히 닦는 이'라 이름하니 능히 상호를 구족하는 까닭이며, '항상 부지런히 닦아 익히는 이'라 이름하니 부처님의 몸과 말과 뜻을 장엄하기를 구하는 까닭이며, '법을 크게 존중하고 공경하는 이'라 이름하니 일체 보살과 법사의 처소에서 가르침대로 행하는 까닭이다.

'마음에 장애가 없는 이'라 이름하니 큰 방편으로 항상 세간에서 행하는 까닭이며, '밤낮으로 다른 마음을 멀리 여의는 이'라 이름하니 일체중생을 교화하기를 항상 즐기는 까닭이다.

불자여, 보살마하살이 이와 같이 부지런히 수행할 때에 보시로써 중생을 교화하며, 자애로운 말을 하고, 이익하게 하는 행을 하고, 일을 같이 함으로써 중생을 교화한다.

　색신을 나타내어 중생을 교화하며, 여러 법을 연설하여 중생을 교화하며, 보살행을 열어 보여서 중생을 교화하며, 여래의 큰 위력을 나타내 보여서 중생을 교화하며, 생사의 허물과 근심을 보여서 중생을 교화한다.

　여래의 지혜와 이익을 칭찬하여 중생을 교화하며, 큰 신통력을 나타내어 중생을 교화하며, 갖가지 방편행으로 중생을 교화한다.

불자여, 이 보살마하살이 능히 이와 같이 부지런히 방편으로 중생을 교화하여 마음이 항상 서로 이어져 부처님의 지혜에 나아가며, 짓는 선근이 퇴전함이 없으며, 수승한 행법을 항상 부지런히 닦고 배운다.

불자여, 이 보살마하살이 중생을 이익케 하기 위하여 세간의 기예를 모두 익히지 않음이 없다.

이른바 문자와 산수와 그림과 글과 인장과 지대·수대·화대·풍대와 갖가지 여러 이론들을 모두 통달하는 것이다.

또 약을 처방함에 능숙하여 여러 병을 치료하되 간질과 미친 증세와 소갈병과 귀신에 홀림과 독에 중독됨을 모두 능히 없애며, 문장과 글씨와 찬탄하는 시가와 노래와 춤과 기악과 웃기는 재담, 그 일을 모두 잘한다.

나라와 도성과 마을과 궁전과 가옥과 정원과 샘과 연못과 풀과 나무와 꽃과 약초들을 배치하는 것에 모두 그 마땅함을 얻으며, 금·은·마니·진주·유리·나패·벽옥·산호 등의 묻혀 있음을 그 장소를 다 알고 파내어 사람들에게 보여주며, 해와 달과 별과 새가 울고 지진이 일어남과 꿈의 길흉과 신수와 관상의 좋고 나쁨을 모두 잘 관찰하여 하나도 틀림이 없다.

계를 지니고 선정에 들어 신통이 한량없고, 사무색정 등과 다른 일체 세간의 일을 다만 중생에게 손해와 번뇌가 되지 않고 이익되게 하기 위한 까닭에 모두 다 열어 보여서 점차 위없는 부처님 법에 편안히 머무르게 한다.

불자여, 보살이 이 난승지에 머물러서 원력으로 많은 부처님을 친견한다.

이른바 많은 백 부처님을 친견하며, 많은 천 부처님을 친견하며, 많은 백천 부처님을 친견하며, 내지 많은 백천억 나유타 부처님을 친견한다.

　모두 공경하고 존중하며, 받들어 섬기고 공양올리며, 의복과 음식과 와구와 탕약과 일체 살림을 모두 받들어 보시한다.

　또한 일체 대중 스님들에게 공양하며, 이 선근으로 아뇩다라삼먁삼보리에 회향하며, 모든 부처님 처소에서 공경히 법을 들으며, 듣고는 받아지니며, 힘을 따라 수행한다.

　다시 저 모든 부처님 법에 출가하고, 출가하고는 또 다시 법을 듣고

다라니를 얻어서 듣고 지니는 법사가 되어, 이 지위에 머물러 백 겁을 지나고 천 겁 내지 한량없는 백천억 나유타 겁을 지나 있는 바 선근이 점점 더 밝고 깨끗해진다.

불자여, 비유하면 진금을 차거로써 갈고 닦으면 더욱더 밝고 깨끗해지는 것처럼, 이 지위의 보살에게 있는 바 선근도 또한 다시 이와 같아서 방편과 지혜로써 생각하고 관찰하면 더욱더 밝고 깨끗해진다.

불자여, 보살이 이 난승지에 머물

러서 방편과 지혜로 성취한 공덕은 아래 지위의 선근이 미칠 수 없는 것이다.

불자여, 마치 해와 달과 별의 궁전의 광명은 바람의 힘으로 유지되므로 저해할 수 없으며, 또한 다른 바람이 움직일 수 있는 바가 아닌 것처럼, 이 지위의 보살에게 있는 바 선근도 또한 다시 이와 같아서 방편과 지혜로 따르면서 관찰하므로 저해할 수 없으며, 또한 일체 성문과 독각과 세간의 선근이 움직일 수 있는 바가 아니다.

　이 보살이 십바라밀 중에서 선정바라밀이 치우쳐 많다. 다른 것을 닦지 않는 것은 아니나 다만 힘을 따르고 분한을 따를 뿐이다.

　불자여, 이것이 보살마하살의 제5 난승지를 간략히 설한 것이다.

　보살이 이 지위에 머무름에 많이 도솔타천왕이 되어 모든 중생들에게 하는 바가 자재하며, 일체 외도들의 삿된 견해를 꺾어 조복하며, 능히 중생들로 하여금 진실한 진리에 머무르게 하며, 보시하고 사랑스러운 말을 하고 이익하게 하는 행을 하고 일을 같이 한다.

이와 같은 일체 모든 짓는 바 업이 모두 부처님을 생각함을 여의지 아니하며, 법을 생각함을 여의지 아니하며, 스님을 생각함을 여의지 아니하며, 내지 일체종과 일체지의 지혜 구족하기를 생각함을 여의지 아니한다.

다시 이 생각을 하기를, '내가 마

땅히 중생들 가운데서 상수가 되고, 수승한 이가 되고, 특히 수승한 이가 되고, 묘한 이가 되고, 미묘한 이가 되고, 높은 이가 되고, 위없는 이가 되고, 내지 일체지의 지혜에 의지하는 자가 될 것이다.'라고 한다.

이 보살이 만약 부지런히 정진을 하면 한 생각 사이에 천억 삼매를 얻고, 천억 부처님을 친견하고, 천억 부처님의 위신력을 알고, 천억 부처님의 세계를 능히 진동하며, 내지 천억 몸을 나타내 보이고, 낱낱 몸에

천억 보살을 권속으로 삼음을 보인다.

 만약 보살의 수승한 원력으로 자재하게 나타내 보이면 이 수를 넘어서니, 백 겁과 천 겁과 내지 백천억 나유타 겁에도 능히 세어서 알 수 없다."

 이때에 금강장 보살이 그 뜻을 거듭 펴려고 게송을 설하여 말씀하였다.

보살의 제4지가
이미 청정함에
삼세 부처님의
평등함과
계와 마음과 의심 없앰과
도와 도 아님을 사유해서
이와 같이 관찰하여
제5지에 들도다.

염처가 활이 되고
근은 예리한 화살이며
정근은 말이 되고

신족은 수레이며
오력은 견고한 갑옷이니
적을 깨뜨리고
용맹하여 물러서지 않고
제5지에 들도다.

참괴는 옷이 되고
각분은 꽃다발이며
청정한 계는 향이 되고
선정은 바르는 향이며
지혜와 방편의
미묘한 장엄으로

총지의 숲과
삼매의 동산에 들도다.

여의는 발이 되고
정념은 목이며
자비는 눈이 되고
지혜는 치아이니
사람 가운데 사자가
무아의 사자후로
번뇌의 원수를 깨뜨리고
제5지에 들도다.

보살이
이 제5지에 머물러
수승하고 높은 청정한 도를
더욱 닦으며
뜻에 불법을 구하여
퇴전하지 않고
자비를 생각하여
싫어하거나 게으르지 않도다.

복과 지혜의 수승한 공덕을
쌓아 모으며
부지런함과 방편으로

위의 지위를 관하니
부처님 힘의 가피로
지혜를 갖추도다.
사성제를 다 사실과 같이
분명히 알고

세속의 진리와
수승한 뜻의 진리와
형상의 진리와 차별과
성립의 진리와
현상의 진리와 생겨남과
다함과 도의 진리와

내지 여래의 걸림 없는 진리를
잘 알도다.

이와 같은 진리를 관찰함이
비록 미묘하나
아직 걸림 없는
수승한 해탈 얻지 못함이라
이로써 큰 공덕을
능히 내므로
그러므로 세간의 지혜를
뛰어 넘도다.

이미 진리를
관찰하고는 유위의
체성이 허망하여
견실하지 못함을 관하고
부처님의 자비하신
광명의 부분을 얻어서
중생을 이롭게 하기 위해
부처님 지혜를 구하도다.

모든 유위의
앞뒤를 관하니
무명의 어두움과

애욕에 얽매여
고통 무더기에
유전하여 헤매나
나도 없고 남도 없고
수명도 없도다.

애욕과 취착이 원인이 되어
고통을 받으나
끝간 데를 구하려 해도
얻을 수 없어
미망에 표류하여
돌아올 기약이 없으니

이들이 불쌍하여
내가 응당 제도하리라.

온은 집이고 계는 독사이고
모든 견해는 화살이며
마음의 불은 맹렬하며
어리석음의 어둠은 두터워
애욕의 강에 휩쓸려
살펴볼 겨를이 없고
고통바다에 빠졌으나
밝게 인도할 이 없도다.

이와 같이 알고서
부지런히 정진하여
짓는 바가 모두
중생을 제도하기 위함이라
기억하는 이와
지혜로운 이와
내지 깨달은 이와
방편 있는 이라 이름하도다.

복과 지혜를 닦아 행함에
만족해 싫어함이 없고
공경하고 많이 들음에

피로하거나 게으르지 않으며
국토와 상호를
모두 장엄하니
이와 같은 일체가
중생을 위함이로다.

모든 세간을
교화하고자
글과 산수와 인장 등의
법을 잘 알며
또한 모든 약 처방을
잘 이해하여

온갖 병을 치료하여
모두 낫게 하도다.

문장과 시가와 노래와 춤
모두 교묘하고
궁전과 집과 정원과 연못
모두 안온하며
하나가 아닌 보배창고도
다 사람에게 보이니
한량없는 중생들을
이익하게 하도다.

해와 달과 별과
지진의 움직임과
내지 신수와 관상
또한 관찰하며
사선과 무색정과
신통을
세간을 이익케 하기 위해
모두 나타내 보이도다.

지혜로운 자가
이 난승지에 머물러
나유타 부처님께 공양올리고

또한 법을 들으니
미묘한 보배로써
진금을 연마하듯이
있는 바 선근이
점점 밝고 청정해지도다.

비유하면 별들이
허공에 있어
바람의 힘에 유지되어
상하고 흔들림 없듯이
또한 연꽃에
물이 붙지 않듯이

이와 같이 큰보살이
세상에서 행하도다.

여기에 머물러 많이
도솔천왕이 되어
외도들의 모든 삿된 견해를
능히 꺾어버리고
닦는 바 모든 선근은
부처님 지혜를 위함이니
열 가지 힘을 얻어
중생을 구제하기 원하도다.

그가 다시 수행하여

크게 정진하면

즉시 천억 부처님께

공양올리며

선정을 얻고 불국토를 진동함이

또한 그러하고

원력으로 짓는 바이면

이를 넘어서도다.

이와 같은

제5 난승지의

인간 가운데 가장 높은

진실한 도를
내가 갖가지
방편의 힘으로써
모든 불자들을 위하여
설해 마쳤도다.

회향송

아차보현수승행
무변승복개회향
보원침익제중생
속왕무량광불찰

시방삼세일체불
제존보살마하살
마하반야바라밀

廻向頌

我此普賢殊勝行
無邊勝福皆迴向
普願沈溺諸眾生
速往無量光佛剎

十方三世一切佛
諸尊菩薩摩訶薩
摩訶般若波羅蜜

大方廣佛華嚴經 ─ 부록

- 대방광불화엄경 목차

- 간행사

대방광불화엄경
목차

〈제1회〉

제1권	제1품	세주묘엄품 [1]
제2권	제1품	세주묘엄품 [2]
제3권	제1품	세주묘엄품 [3]
제4권	제1품	세주묘엄품 [4]
제5권	제1품	세주묘엄품 [5]
제6권	제2품	여래현상품
제7권	제3품	보현삼매품
	제4품	세계성취품
제8권	제5품	화장세계품 [1]
제9권	제5품	화장세계품 [2]
제10권	제5품	화장세계품 [3]
제11권	제6품	비로자나품

〈제2회〉

제12권	제7품	여래명호품
	제8품	사성제품
제13권	제9품	광명각품
	제10품	보살문명품
제14권	제11품	정행품
	제12품	현수품 [1]
제15권	제12품	현수품 [2]

〈제3회〉

제16권	제13품	승수미산정품
	제14품	수미정상게찬품
	제15품	십주품
제17권	제16품	범행품
	제17품	초발심공덕품
제18권	제18품	명법품

〈제4회〉

제19권 　제19품　승야마천궁품

　　　　제20품　야마궁중게찬품

　　　　제21품　십행품 [1]

제20권 　제21품　십행품 [2]

제21권 　제22품　십무진장품

〈제5회〉

제22권 　제23품　승도솔천궁품

제23권 　제24품　도솔궁중게찬품

　　　　제25품　십회향품 [1]

제24권 　제25품　십회향품 [2]

제25권 　제25품　십회향품 [3]

제26권 　제25품　십회향품 [4]

제27권 　제25품　십회향품 [5]

제28권 　제25품　십회향품 [6]

제29권 　제25품　십회향품 [7]

제30권 　제25품　십회향품 [8]

제31권 　제25품　십회향품 [9]

제32권 　제25품　십회향품 [10]

제33권 　제25품　십회향품 [11]

〈제6회〉

제34권 　제26품　십지품 [1]

제35권 　제26품　십지품 [2]

제36권 　제26품　십지품 [3]

제37권 　제26품　십지품 [4]

제38권 　제26품　십지품 [5]

제39권 　제26품　십지품 [6]

〈제7회〉

제40권 　제27품　십정품 [1]

제41권 　제27품　십정품 [2]

제42권 　제27품　십정품 [3]

제43권 　제27품　십정품 [4]

제44권 　제28품　십통품

　　　　제29품　십인품

제45권 　제30품　아승지품

　　　　제31품　수량품

　　　　제32품　제보살주처품

제46권 　제33품　불부사의법품 [1]

제47권 　제33품　불부사의법품 [2]

제48권	제34품	여래십신상해품
	제35품	여래수호광명공덕품
제49권	제36품	보현행품
제50권	제37품	여래출현품 [1]
제51권	제37품	여래출현품 [2]
제52권	제37품	여래출현품 [3]

〈제8회〉

제53권	제38품	이세간품 [1]
제54권	제38품	이세간품 [2]
제55권	제38품	이세간품 [3]
제56권	제38품	이세간품 [4]
제57권	제38품	이세간품 [5]
제58권	제38품	이세간품 [6]
제59권	제38품	이세간품 [7]

〈제9회〉

제60권	제39품	입법계품 [1]
제61권	제39품	입법계품 [2]
제62권	제39품	입법계품 [3]
제63권	제39품	입법계품 [4]
제64권	제39품	입법계품 [5]
제65권	제39품	입법계품 [6]
제66권	제39품	입법계품 [7]
제67권	제39품	입법계품 [8]
제68권	제39품	입법계품 [9]
제69권	제39품	입법계품 [10]
제70권	제39품	입법계품 [11]
제71권	제39품	입법계품 [12]
제72권	제39품	입법계품 [13]
제73권	제39품	입법계품 [14]
제74권	제39품	입법계품 [15]
제75권	제39품	입법계품 [16]
제76권	제39품	입법계품 [17]
제77권	제39품	입법계품 [18]
제78권	제39품	입법계품 [19]
제79권	제39품	입법계품 [20]
제80권	제39품	입법계품 [21]

간 행 사

  귀의삼보 하옵고,

  『대방광불화엄경』의 수지 독송과 유통을 발원하면서 수미정사 불전연구원에서 『독송본 한문·한글역 대방광불화엄경』과 『사경본 한글역 대방광불화엄경』을 편찬하여 간행하게 되었습니다.

  『화엄경』은 우리나라에 전래된 이래 일찍부터 사경되고 주석·강설되어 왔으며 근현대에 이르러서는 『화엄경』의 한글 번역과 연구도 부쩍 많이 이루어졌습니다. 그만큼 『화엄경』이 우리 불자님들의 신행과 해탈에 큰 의지처가 되었던 것임을 알 수 있습니다.

  『화엄경』을 독송하고 사경하는 공덕은 설법 공덕과 함께 크게 강조되어 왔습니다. 그리하여 수미정사 불전연구원에서도 『화엄경』(80권)을 독송하고 사경하는 데 도움이 되도록 한문 원문과 한글역을 함께 수록한 독송본과 한글역의 사경본 『화엄경』 간행불사를 발원하였습니다. 이 『화엄경』 간행불사에 뜻을 같이하여 적극 후원해주신 스님들과 재가 불자님들께 깊이 감사드립니다. 또한 『화엄경』을 수지 독송할 수 있도록 경책의 모습으로 장엄해 주신 편집위원들과 담앤북스 출판사 관계자들께도 고마움을 표합니다.

  끝으로 이 불사의 원만 회향으로 『화엄경』이 널리 유통되고, 온 법계에 부처님의 가피가 충만하시길 기원드립니다.

  나무 대방광불화엄경

불기 2564년 '부처님오신날'을 봉축하며
수미해주 합장

위태천신(동진보살)

수미해주 須彌海住

호거산 운문사에서 성관 스님을 은사로 출가, 석암 대화상을 계사로 사미니계 수계, 월하 전계사를 계사로 비구니계 수계, 계룡산 동학사 전문강원 졸업, 동국대학교 불교대학 및 동 대학원 졸업, 철학박사, 가산지관 대종사에게서 전강, 동국대학교 불교대학 교수, 동학승가대학 학장 및 화엄학림 학림장, 중앙승가대학교 법인이사 역임.
(현) 수미정사 주지, 동국대학교 명예교수.
저·역서로『의상화엄사상사연구』, 『화엄의 세계』, 『정선 원효』, 『정선 화엄 1』, 『정선 지눌』, 『법계도기총수록』, 『해주스님의 법성게 강설』 등 다수.

사경본 한글역
대방광불화엄경 제36권

| 초판 1쇄 발행 _ 2023년 8월 15일

| 엮은이_ 수미해주
| 엮은곳_ 수미정사 불전연구원
| 편집위원_ 해주 수정 경진 선초 정천 석도 박보람 최원섭
| 편집보_ 무이 무진 지욱 혜명

| 펴낸이_ 오세룡
| 펴낸곳_ 담앤북스
　　　　 서울특별시 종로구 새문안로3길 23 경희궁의 아침 4단지 805호
　　　　 대표전화 02)765-1251　전자우편 dhamenbooks@naver.com
　　　　 출판등록 제300-2011-115호
| ISBN_ 979-11-6201-821-7　04220

이 책은 저작권 법에 따라 보호받는 저작물이므로 무단전재와 복제를 금합니다.
이 책 내용의 전부 또는 일부를 이용하려면 반드시 저작권자와 담앤북스의 서면 동의를 받아야 합니다.

정가 10,000원
ⓒ 수미해주 2023